Vorwort

Herzlich willkommen zu „Cyber Security für Alle"! In einer W  es wichtiger denn je, sich um die Sicherheit unserer Daten und s E-Book soll dir dabei helfen, die Grundlagen der Cyber Securi an die Hand zu geben, wie du dich sicher im Internet beweg

Egal, ob du wenig bis keine Erfahrung in diesem Bereich hast oder einfach nach einfachen, umsetzbaren Lösungen suchst – dieses E-Book ist für dich. Wir werden gemeinsam die wichtigsten Themen durchgehen, damit du dich und deine Daten vor den Gefahren der digitalen Welt schützen kannst.

Viel Spaß beim Lesen und vor allem: Bleib sicher im Netz!

Inhaltsverzeichnis

Fazit und weiterführende Ressourcen – Was du nun tun kannst, um dich besser zu schützen

Was ist Cyber Security und warum ist sie wichtig?

In einer zunehmend digitalisierten Welt ist Cyber Security, also die Sicherheit von Informationen und Systemen im Internet, zu einem unverzichtbaren Bestandteil unseres Lebens geworden. Vom persönlichen Smartphone bis hin zu Unternehmensnetzwerken – die digitale Welt bietet viele Vorteile, birgt jedoch auch viele Gefahren. Cyberangriffe, Datenklau und digitale Bedrohungen können sowohl Einzelpersonen als auch Unternehmen enorm schädigen. In dieser Einleitung werden wir uns mit den Grundlagen der Cyber Security befassen und die Gründe aufzeigen, warum sie heute wichtiger denn je ist.

1.1 Definition von Cyber Security

Cyber Security bezeichnet den Schutz von Computersystemen, Netzwerken und Daten vor unbefugtem Zugriff, Missbrauch und Zerstörung. Dies umfasst eine Vielzahl von Maßnahmen und Technologien, die dazu beitragen, digitale Informationen zu sichern, vor Angriffen zu schützen und die Integrität sowie Vertraulichkeit von Daten zu wahren. Einfach gesagt, geht es darum, die digitalen Informationen, die wir tagtäglich nutzen, vor Hackern und anderen Bedrohungen zu schützen.

1.2 Die wachsende Bedeutung der Cyber Security

Mit der zunehmenden Nutzung von digitalen Technologien wächst auch die Zahl der Bedrohungen im Netz. Immer mehr Aspekte unseres Lebens sind online, seien es Bankgeschäfte, persönliche Daten oder berufliche Aufgaben. Diese Verlagerung auf digitale Plattformen hat es nicht nur einfacher gemacht, Informationen zu sammeln und zu teilen, sondern auch Cyberkriminellen neue Möglichkeiten eröffnet, auf diese Daten zuzugreifen. Ob große Unternehmen, die von Cyberangriffen betroffen sind, oder Einzelpersonen, die Opfer von Datenlecks werden – die Notwendigkeit, unsere digitalen Systeme zu schützen, ist nicht nur eine Empfehlung, sondern eine Notwendigkeit.

1.3 Häufige Bedrohungen in der digitalen Welt

Die Bedrohungen in der digitalen Welt sind vielfältig und entwickeln sich ständig weiter. Zu den häufigsten gehören:

- **Phishing:** Betrügerische Versuche, sensible Daten wie Passwörter oder Bankinformationen zu stehlen, indem sie gefälschte E-Mails oder Webseiten nutzen.

- **Malware:** Schadsoftware, die darauf ausgelegt ist, ein System zu beschädigen oder unbefugt auf Daten zuzugreifen.

- **Ransomware:** Eine Form von Malware, die Daten verschlüsselt und erst nach Zahlung eines Lösegelds freigibt.

- **DDoS-Angriffe (Distributed Denial of Service):** Angriffe, die darauf abzielen, Webseiten oder Netzwerke durch Überlastung unzugänglich zu machen.

Diese und viele andere Bedrohungen verdeutlichen, wie wichtig es ist, über die richtigen Schutzmaßnahmen zu verfügen.

1.4 Ziele und Prinzipien der Cyber Security

Die Ziele der Cyber Security sind klar: Sie soll Daten vor Verlust, Manipulation und unbefugtem Zugriff schützen. Dabei folgt die Cyber Security einigen grundlegenden Prinzipien, die den Rahmen für den Schutz von Informationen bilden:

- **Vertraulichkeit:** Nur autorisierte Personen dürfen auf bestimmte Daten zugreifen.

- **Integrität:** Daten müssen vor unbefugten Änderungen geschützt werden, um ihre Korrektheit zu bewahren.
- **Verfügbarkeit:** Daten und Systeme müssen für autorisierte Benutzer immer zugänglich und funktionsfähig sein.

Diese Prinzipien helfen dabei, die digitalen Informationen in einer Welt voller Bedrohungen zu sichern und zu schützen.

Mit diesem grundlegenden Verständnis für Cyber Security beginnen wir, die besten Praktiken und Werkzeuge zu erkunden, mit denen du dich in der digitalen Welt schützen kannst. Es ist wichtig zu erkennen, dass jeder Einzelne von uns in der Verantwortung steht, zur Sicherung der digitalen Welt beizutragen.

Passwortsicherheit – Wie man starke Passwörter erstellt und verwaltet

1.1 Was ist Passwortsicherheit und warum ist sie wichtig?

In der digitalen Welt sind Passwörter wie Schlüssel zu deinen persönlichen Informationen und Konten. Sie schützen deine Daten vor neugierigen Blicken und verhindern, dass Unbefugte Zugriff auf dein Bankkonto, deine E-Mails oder soziale Netzwerke bekommen. Aber nicht alle Passwörter sind gleich sicher – viele Menschen verwenden einfache oder sogar die gleichen Passwörter für mehrere Konten, was ein großes Sicherheitsrisiko darstellt.

Warum ist Passwortsicherheit so wichtig?

- **Schutz vor Diebstahl:** Ein starkes Passwort schützt deine persönlichen Daten und verhindert, dass Hacker Zugang zu deinen Konten bekommen.

- **Vermeidung von Betrug:** Ohne sichere Passwörter könnte jemand dein Bankkonto leerräumen oder deine E-Mail für betrügerische Zwecke nutzen.

- **Sicherheit in einer vernetzten Welt:** Im Internet sind wir täglich verschiedenen Bedrohungen ausgesetzt – von Online-Shopping bis zu sozialen Netzwerken. Starke Passwörter helfen, sich davor zu schützen.

1.2 Tipps für starke Passwörter

Ein gutes Passwort schützt dich und deine Daten vor den meisten Angriffen. Doch wie erstellst du ein starkes Passwort? Hier sind einige einfache, aber sehr effektive Tipps:

- **Verwende mindestens 12 Zeichen:** Je länger das Passwort, desto schwieriger wird es für Angreifer, es zu erraten. Ein Passwort mit nur 6 Zeichen ist zu leicht zu knacken.

- **Mische verschiedene Zeichen:** Ein starkes Passwort sollte Zahlen, Groß- und Kleinbuchstaben sowie Sonderzeichen (wie #, %, &) enthalten. So wird es für Angreifer schwerer, das Passwort zu erraten.
  Beispiel für ein gutes Passwort: B!9pXz$3rM@7

- **Vermeide einfache und offensichtliche Wörter:** Passwörter wie „123456", „Passwort" oder dein Name sind viel zu einfach und gehören zu den ersten Versuchen eines Hackers.

- **Kein Geburtsdatum oder Namen verwenden:** Vermeide es, persönliche Daten wie deinen Namen, Geburtsdatum oder das deines Haustiers zu verwenden, da diese oft leicht herauszufinden sind.

Warum sind einfache Passwörter gefährlich?
Hacker haben Programme, die automatisch viele Passwörter ausprobieren. Diese Programme testen zuerst die gängigsten Passwörter und versuchen dann einfache Kombinationen. Wenn dein Passwort einfach oder kurz ist, könnte es leicht in wenigen Sekunden geknackt werden.

1.3 Wie verwaltest du deine Passwörter richtig?

Es ist wichtig, starke Passwörter zu erstellen, aber es kann schwierig sein, sich alle zu merken – besonders wenn du für jedes Konto ein anderes Passwort verwendest. Hier sind ein paar einfache Lösungen, um deine Passwörter sicher zu verwalten:

- **Verwende einen Passwortmanager:** Ein Passwortmanager speichert deine Passwörter sicher an einem Ort und verschlüsselt sie, sodass niemand anders darauf zugreifen kann. Du musst dir nur ein Master-Passwort merken, um auf alle anderen Passwörter zuzugreifen.

Vorteile eines Passwortmanagers:

- Du musst dir nicht jedes Passwort merken.
- Du kannst sehr komplexe Passwörter verwenden, die du dir ohne Passwortmanager nicht merken könntest.

- Passwortmanager bieten oft eine automatische Funktion, die dich auf Webseiten sicher anmelden lässt.
  Beliebte Passwortmanager sind zum Beispiel **LastPass**, **1Password** und **Bitwarden**.
- **Vermeide es, Passwörter auf Papier zu notieren:** Es ist verlockend, Passwörter auf einem Zettel zu notieren, aber das ist riskant. Wenn jemand deinen Zettel findet, hat er direkten Zugang zu deinen Konten. Nutze lieber einen sicheren Passwortmanager.
- **Ändere deine Passwörter regelmäßig:** Wenn du ein Passwort zu lange verwendest, steigt das Risiko, dass es irgendwann doch geknackt wird. Es ist eine gute Praxis, alle paar Monate dein Passwort zu ändern, vor allem bei wichtigen Konten wie E-Mail oder Online-Banking.

1.4 Zwei-Faktor-Authentifizierung (2FA): Mehr Sicherheit für deine Konten

Selbst wenn du ein starkes Passwort hast, gibt es noch eine zusätzliche Möglichkeit, deine Konten sicherer zu machen: Zwei-Faktor-Authentifizierung (2FA). Dabei handelt es sich um eine zusätzliche Sicherheitsstufe, bei der du neben deinem Passwort noch eine zweite Information angeben musst, um dich einzuloggen.

Wie funktioniert 2FA?
- Du gibst zuerst dein Passwort ein.
- Dann bekommst du eine zweite Sicherheitsabfrage, wie einen Code, der dir per SMS oder über eine spezielle App wie Google Authenticator geschickt wird.
- Erst wenn du diesen Code eingibst, kannst du dich anmelden.

Warum ist 2FA wichtig?
Selbst wenn ein Hacker dein Passwort kennt, kann er ohne den zweiten Code nicht auf dein Konto zugreifen. Das macht es viel schwieriger für Angreifer, an deine Daten zu kommen.

Wie aktiviere ich 2FA?
Die meisten großen Dienste wie Google, Facebook und Instagram bieten 2FA an. Gehe einfach in die Sicherheitseinstellungen deines Kontos und aktiviere es. Du wirst dann Schritt für Schritt durch den Einrichtungsprozess geführt.

1.5 Zusammenfassung und praktische Tipps

Hier sind die wichtigsten Dinge, die du tun solltest, um deine Passwörter sicher zu machen:

- Erstelle lange, komplexe Passwörter, die Zahlen, Buchstaben und Sonderzeichen enthalten.

- Verwende für jedes Konto ein anderes Passwort.

- Nutze einen Passwortmanager, um alle deine Passwörter sicher zu speichern.

- Aktiviere Zwei-Faktor-Authentifizierung (2FA) für zusätzliche Sicherheit.

Indem du diese einfachen Tipps befolgst, machst du einen großen Schritt, um deine persönlichen Daten zu schützen und sicher im Internet unterwegs zu sein.

Zusammenfassung des Kapitels:

Passwörter sind der erste Schutz, den du hast, um deine Daten zu sichern. Starke Passwörter, die regelmäßig geändert werden, und die Nutzung eines Passwortmanagers helfen, deine Konten vor Hackern zu schützen. Noch sicherer wird es, wenn du Zwei-Faktor-Authentifizierung aktivierst, um einen zusätzlichen Schutzlayer zu schaffen.

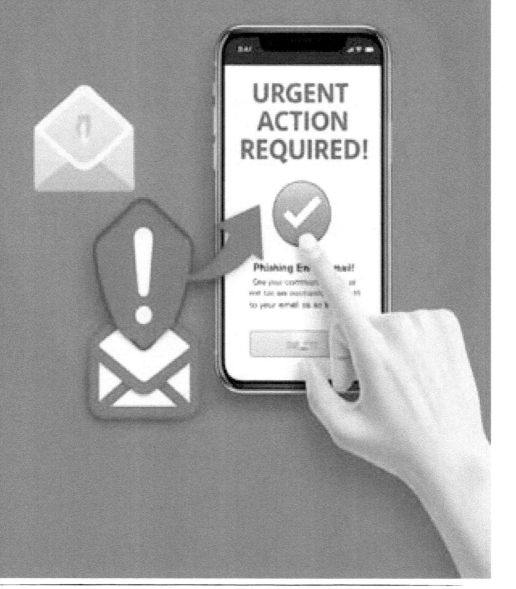

Schutz vor Phishing – Erkennen und Vermeiden von Betrugsversuchen

2.1 Was ist Phishing?

Phishing ist eine Art von Betrug, bei dem Kriminelle versuchen, an deine persönlichen Daten zu kommen – oft indem sie sich als jemand anderes ausgeben. Der Name „Phishing" stammt von dem englischen Wort „fishing" (angeln), weil es so ist, als ob sie mit einer „Köder-E-Mail" nach Informationen angeln.

Warum ist Phishing gefährlich?
Phishing-Angriffe können sehr gefährlich sein, da sie dir oft nicht direkt schaden – sie führen dazu, dass du deine Daten preisgibst, die dann von den Betrügern verwendet werden. Dies kann dazu führen, dass jemand Zugriff auf dein Bankkonto, deine E-Mails oder andere persönliche Informationen bekommt.

2.2 Wie erkennst du Phishing-E-Mails?

Phishing-E-Mails sind häufig nicht sofort erkennbar, da sie professionell aussehen und oft so gestaltet sind, dass sie vertrauenswürdig wirken. Hier sind jedoch einige einfache Hinweise, auf die du achten kannst:

- **Falsche Absenderadresse:** Überprüfe immer die E-Mail-Adresse des Absenders. Phishing-Mails kommen oft von gefälschten Adressen, die denen von echten Unternehmen ähneln, aber kleine Abweichungen aufweisen. Zum Beispiel: „@bankonline123.com" statt „@deinebank.de".

- **Dringende Aufforderung:** Phishing-E-Mails enthalten oft dringende Aufforderungen, wie „Handeln Sie sofort, sonst verlieren Sie Ihr Konto!" oder „Ihre Daten sind gefährdet, klicken Sie hier, um sie zu schützen". Diese Dringlichkeit soll dich dazu bringen, schnell zu handeln und die Anfrage ohne Nachdenken zu erfüllen.

- **Rechtschreibfehler und unprofessionelle Formulierungen:** Viele Phishing-Mails enthalten auffällige Rechtschreibfehler oder eine unnatürliche Wortwahl. Seriöse Unternehmen achten auf korrekte Rechtschreibung und Grammatik.

- **Links, die zu einer falschen Website führen:** Oft wirst du in Phishing-E-Mails aufgefordert, auf einen Link zu klicken, der dich auf eine gefälschte Website führt. Diese Websites sehen oft so aus wie die echten, z.B. eine Bank-Website, aber die URL (Webadresse) ist leicht verändert.

- Beispiel: Anstatt „www.deinebank.de" könnte es „www.deinebanq.de" oder „www.deinebank-secure.com" sein.

2.3 Was solltest du tun, wenn du eine verdächtige E-Mail bekommst?

Wenn du eine E-Mail bekommst, die verdächtig erscheint, ist es wichtig, ruhig zu bleiben und nicht sofort zu handeln. Hier sind einige Schritte, die du befolgen kannst:

- **Klicke nicht auf Links und öffne keine Anhänge:** Wenn du dir unsicher bist, ob eine E-Mail echt ist, öffne keine Links und lade keine Anhänge herunter, da diese Viren oder schadhafter Code enthalten können.

- **Überprüfe die Absenderadresse:** Schau dir die E-Mail-Adresse des Absenders genau an, um sicherzustellen, dass sie echt ist. Manchmal ist sie leicht verändert, um vertrauenswürdig zu wirken.

- **Kontaktiere das Unternehmen direkt:** Wenn die E-Mail angeblich von deiner Bank oder einem anderen wichtigen Dienstleister kommt, rufe die Telefonnummer auf der offiziellen Website des Unternehmens an, um zu überprüfen, ob es wirklich eine Nachricht von ihnen war. Verwende nicht die Telefonnummer in der E-Mail.

- **Melde den Vorfall:** Viele Unternehmen und E-Mail-Anbieter bieten eine Möglichkeit, Phishing-Versuche zu melden. Indem du solche E-Mails meldest, hilfst du, andere Menschen zu warnen.

2.4 Wie vermeidest du Phishing-Angriffe?

Es gibt einige einfache Vorsichtsmaßnahmen, die du treffen kannst, um Phishing-Angriffe zu vermeiden:

- **Verwende eine Anti-Phishing-Software:** Viele E-Mail-Programme und Browser bieten Anti-Phishing-Schutz, der verdächtige E-Mails automatisch erkennt und blockiert. Aktivieren diesen Schutz, um auf der sicheren Seite zu sein.

- **Lerne, Phishing zu erkennen:** Je mehr du über Phishing weißt, desto leichter wird es für dich, verdächtige Nachrichten zu erkennen. Achte auf die oben genannten Merkmale und gehe immer vorsichtig mit unerwarteten E-Mails um.

- **Verwende starke Passwörter:** Wie im ersten Kapitel erklärt, ist es wichtig, starke Passwörter zu verwenden. Wenn deine Passwörter leicht zu erraten sind oder du dieselben Passwörter auf vielen Seiten verwendest, können Phishing-Angreifer diese Daten nutzen, um auf andere Konten zuzugreifen.

- **Aktiviere Zwei-Faktor-Authentifizierung (2FA):** Durch die Aktivierung von 2FA wird ein zusätzlicher Sicherheitslayer hinzugefügt, der es viel schwieriger für Phishing-Angreifer macht, in dein Konto einzudringen.

2.5 Phishing im Mobilfunknetz: SMS und WhatsApp

Phishing ist nicht nur auf E-Mails beschränkt – auch über SMS (so genanntes „Smishing") und Messenger-Dienste wie WhatsApp versuchen Betrüger, an deine persönlichen Daten zu kommen. Auch hier gilt: Sei vorsichtig bei unerwarteten Nachrichten.

- **SMS:** Du bekommst plötzlich eine Nachricht, dass du ein Paket zu bekommen hast, oder eine Warnung, dass dein Bankkonto gesperrt wird? Klicke nicht auf den Link und öffne keine Anhänge. Bankinstitute verschicken solche Informationen niemals per SMS.

- **WhatsApp:** Betrüger könnten sich als deine Freunde oder Familienmitglieder ausgeben und dich auffordern, Geld zu überweisen oder persönliche Informationen zu teilen. Prüfe die Telefonnummer und rufe ggf. die Person direkt an, bevor du auf solche Nachrichten reagierst.

2.6 Zusammenfassung und praktische Tipps

Phishing ist eine ernsthafte Bedrohung, die dich leicht in die Falle locken kann, wenn du nicht vorsichtig bist. Aber mit ein paar einfachen Vorsichtsmaßnahmen kannst du dich gut schützen:

- Überprüfe immer die E-Mail-Adresse des Absenders und sei skeptisch bei ungewöhnlichen Nachrichten.

- Klicke nicht auf verdächtige Links oder öffne keine Anhänge, wenn du dir unsicher bist.

- Melde Phishing-Versuche bei den entsprechenden Stellen und kontaktiere Unternehmen direkt, um sicherzugehen, dass sie wirklich der Absender sind.

- Verwende Anti-Phishing-Software und aktiviere Zwei-Faktor-Authentifizierung (2FA), um deine Konten sicherer zu machen.

Wenn du diese einfachen Regeln beachtest, kannst du Phishing-Angriffe erfolgreich vermeiden und deine persönlichen Daten schützen.

Zusammenfassung des Kapitels:

Phishing ist eine betrügerische Methode, bei der Kriminelle versuchen, deine persönlichen Daten zu stehlen, indem sie sich als vertrauenswürdige Quellen ausgeben. Um Phishing zu vermeiden, solltest du E-Mails und Nachrichten immer genau prüfen, vorsichtig mit Links und Anhängen umgehen und bei Verdacht immer direkt beim Unternehmen nachfragen. Schütze dich mit Anti-Phishing-Software und Zwei-Faktor-Authentifizierung.

Sicheres Surfen – So schützt du deine Daten beim Online-Shopping und Bankgeschäften

3.1 Warum sicheres Surfen so wichtig ist

Im digitalen Zeitalter erledigen wir viele Dinge online: Einkaufen, Bankgeschäfte, und sogar das Teilen von persönlichen Informationen. Das bedeutet aber auch, dass unsere Daten ständig im Internet unterwegs sind. Wenn wir uns nicht gut schützen, können Kriminelle diese Informationen abfangen und missbrauchen. Das ist besonders gefährlich, wenn du sensible Daten wie Passwörter, Kreditkartennummern oder Bankdaten über das Internet versendest.

Was passiert, wenn du unsicher surfst?
Wenn du auf unsicheren Websites surfst oder persönliche Informationen ohne Schutz überträgst, riskierst du, dass Cyberkriminelle Zugriff auf deine Daten erhalten. Sie könnten deine Identität stehlen, auf deine Bankkonten zugreifen oder sogar deinen Computer mit Schadsoftware infizieren.

3.2 Erkenne sichere Websites

Bevor du persönliche Daten eingibst – wie bei einem Online-Kauf oder bei Bankgeschäften – solltest du sicherstellen, dass die Website auch wirklich sicher ist. Hier sind einige einfache Hinweise, um eine sichere Website zu erkennen:

* **Achte auf „https://":** Eine sichere Website beginnt mit „https://" statt „http://". Das „s" steht für „secure" (sicher) und zeigt an, dass die Daten, die du übermittelst, verschlüsselt sind. Du solltest niemals persönliche Informationen auf einer Website eingeben, die kein „https" im Weblink hat.

* **Schlosssymbol im Browser:** Wenn du auf eine Website gehst, sollte ein kleines Schloss-Symbol in der Adressleiste deines Browsers angezeigt werden. Dies zeigt an, dass die Verbindung zur Website sicher ist und deine Daten verschlüsselt werden.

* **Vermeide unbekannte oder verdächtige Seiten:** Wenn du eine Website besuchst, die dir komisch vorkommt oder deren URL seltsam aussieht (z.B. eine Mischung aus Zahlen und Buchstaben), solltest du vorsichtig sein. Es könnte sich um eine gefälschte Seite handeln, die darauf aus ist, deine Daten zu stehlen.

3.3 Online-Shopping – Worauf du achten solltest

Online-Shopping ist heutzutage sehr beliebt, aber es ist wichtig, beim Kauf auf sicheren Websites zu bleiben, um nicht Opfer von Betrug oder Datenmissbrauch zu werden. Hier sind einige Tipps, um sicher zu shoppen:

* **Verwende nur vertrauenswürdige Shops:** Kaufe nur auf bekannten Websites ein, die eine gute Reputation haben, wie z.B. Amazon, eBay oder große Marken. Achte darauf, dass du die Seite vorher überprüfst, um sicherzustellen, dass sie keine gefälschte Seite ist.

* **Beachte die Zahlungsmethoden:** Bei seriösen Shops hast du die Möglichkeit, mit sicheren Zahlungsmethoden wie PayPal oder Kreditkarte zu bezahlen. Diese Zahlungsmethoden bieten zusätzlichen Schutz, falls etwas schiefgeht (z.B. bei Betrug).

* **Überprüfe die Rückgabebedingungen:** Ein seriöser Online-Shop hat klare Rückgabebedingungen. Lies diese durch, bevor du etwas kaufst, um sicherzustellen, dass du im Falle eines Problems deine Ware zurückgeben kannst.

- **Vermeide verdächtige Rabatte und Angebote:** Wenn dir ein Angebot zu gut erscheint, um wahr zu sein – vielleicht ein Produkt, das viel günstiger als üblich ist – könnte es sich um Betrug handeln. Sei vorsichtig und hinterfrage solche Angebote.

3.4 Bankgeschäfte online – Sicheres Banking im Internet

Online-Banking ist eine bequeme Methode, um deine Finanzen zu verwalten, aber es erfordert auch besondere Vorsicht. Hier sind einige grundlegende Tipps, um sicher online zu bankieren:

- **Verwende die offizielle Bank-Website:** Stelle sicher, dass du immer die offizielle Website deiner Bank benutzt. Tippe die Webadresse direkt in die Adresszeile deines Browsers ein und vermeide es, Links aus E-Mails zu verwenden, da diese gefälscht sein könnten.

- **Aktiviere Zwei-Faktor-Authentifizierung (2FA):** Wenn deine Bank diese Option anbietet, aktiviere die Zwei-Faktor-Authentifizierung. Damit wird ein zusätzliches Sicherheitsverfahren hinzugefügt, das es schwieriger für Betrüger macht, auf dein Konto zuzugreifen.

- **Vermeide öffentliches WLAN:** Es ist sicherer, Online-Banking nur zu Hause oder in einem sicheren Netzwerk zu machen. In öffentlichen WLAN-Netzen (wie in Cafés oder Hotels) können Kriminelle versuchen, deine Daten abzufangen.

- **Achte auf verdächtige Aktivitäten:** Überprüfe regelmäßig deine Kontoauszüge und Transaktionen auf verdächtige Aktivitäten. Wenn du etwas Ungewöhnliches bemerkst, melde dies sofort deiner Bank.

3.5 Schütze deinen Computer beim Surfen

Damit du beim Surfen sicher bleibst, solltest du auch deinen Computer und dein Smartphone schützen. Hier sind einige einfache Maßnahmen, die du ergreifen kannst:

- **Verwende ein Antivirus-Programm:** Installiere ein Antivirus-Programm, das deinen Computer vor Schadsoftware schützt. Viele kostenlose und kostenpflichtige Antivirus-Programme bieten einen guten Schutz.

- **Aktualisiere regelmäßig deine Software:** Halte deinen Browser, dein Betriebssystem und alle anderen Programme auf dem neuesten Stand. Sicherheitslücken in älteren Versionen können von Kriminellen ausgenutzt werden.

- **Sei vorsichtig mit Pop-ups und Werbung:** Klicke nicht auf Pop-ups oder Anzeigen, die während des Surfens erscheinen. Viele dieser Elemente können dazu führen, dass du auf unsichere Seiten gelangst oder Malware herunterlädst.

3.6 Schutz durch Passwörter und Zwei-Faktor-Authentifizierung (2FA)

Ein weiterer wichtiger Punkt beim sicheren Surfen ist der Schutz deiner Konten mit starken Passwörtern und, wenn möglich, der Zwei-Faktor-Authentifizierung (2FA).

- **Starke Passwörter:** Verwende niemals einfache Passwörter wie „123456" oder „Passwort". Ein starkes Passwort sollte eine Kombination aus Buchstaben (groß und klein), Zahlen und Sonderzeichen sein.
- **Verwende für jedes Konto ein einzigartiges Passwort:** Verwende für jedes deiner Konten ein eigenes Passwort. So verhinderst du, dass ein Hacker, der dein Passwort für ein Konto herausfindet, auf all deine anderen Konten zugreifen kann.

- **Aktiviere 2FA, wo immer es möglich ist:** Zwei-Faktor-Authentifizierung bedeutet, dass du zusätzlich zu deinem Passwort noch einen zweiten Code eingeben musst, der dir z.B. per SMS oder über eine App zugesendet wird. Das macht es viel schwieriger für einen Angreifer, dein Konto zu übernehmen.

3.7 Zusammenfassung und praktische Tipps

Sicheres Surfen ist entscheidend, um deine persönlichen Daten und dein Geld zu schützen. Hier sind die wichtigsten Schritte, die du beachten solltest:

- **Achte auf „https" und das Schlosssymbol, um sichere Websites zu erkennen.**
- **Kaufe nur auf vertrauenswürdigen Websites ein und verwende sichere Zahlungsmethoden.**
- **Nutze nur die offizielle Website deiner Bank und aktiviere 2FA für zusätzlichen Schutz.**
- **Schütze deinen Computer mit einem Antivirus-Programm und halte deine Software immer auf dem neuesten Stand.**
- **Verwende starke Passwörter und aktiviere 2FA, wo immer es möglich ist.**

Mit diesen einfachen Schritten kannst du dich beim Surfen sicher fühlen und deine Daten vor Kriminellen schützen.

Zusammenfassung des Kapitels:

Sicheres Surfen schützt dich vor Datenmissbrauch, besonders bei Online-Shopping und Bankgeschäften. Achte auf sichere Websites, verwende vertrauenswürdige Zahlungsmethoden und aktiviere Zwei-Faktor-Authentifizierung. Schütze deinen Computer mit Antivirus-Software und halte alle Programme aktuell, um dich vor Bedrohungen zu schützen.

Die besten Sicherheits-Tools – Welche Apps und Programme du verwenden solltest

4.1 Warum Sicherheits-Tools wichtig sind

Ob du ein einfacher Internetnutzer oder ein Unternehmer bist, der mit sensiblen Daten arbeitet – ohne die richtigen Sicherheits-Tools kannst du deine Daten und Geräte nicht ausreichend schützen. Sicherheits-Tools bieten eine zusätzliche Schutzschicht, die dich vor den Gefahren des Internets wie Malware, Phishing, Identitätsdiebstahl und mehr schützt.

Stell dir Sicherheits-Tools wie eine „digitale Schutzmauer" vor, die deine Geräte und Daten vor Angreifern abschirmt. Einige Tools verhindern, dass deine Daten gestohlen werden, andere warnen dich vor möglichen Bedrohungen oder helfen dir, deinen digitalen Fußabdruck zu verwalten.

4.2 Antivirus-Software – Dein Schutzschild gegen Malware

Antivirus-Software ist eines der wichtigsten Tools, um deinen Computer und dein Smartphone vor Viren, Trojanern, Ransomware und anderen schädlichen Programmen zu schützen. Diese Programme durchsuchen regelmäßig dein Gerät auf verdächtige Aktivitäten und blockieren potenziell gefährliche Dateien, bevor sie Schaden anrichten können.

*   **Worauf solltest du achten?**
Eine gute Antivirus-Software sollte in der Lage sein, deinen Computer in Echtzeit zu überwachen und automatisch Bedrohungen zu erkennen. Sie sollte regelmäßige Updates bieten, um auch gegen neue Bedrohungen gewappnet zu sein.

*   **Beliebte Antivirus-Programme:**

*   **Avira:** Ein kostenloses Antivirus-Programm, das für grundlegenden Schutz sorgt.

*   **Bitdefender:** Bietet hervorragende Sicherheitsfunktionen, auch gegen Ransomware.

*   **Kaspersky:** Sehr effektiv gegen eine Vielzahl von Bedrohungen und bietet Echtzeit-Schutz.

4.3 VPN (Virtuelles Privates Netzwerk) – Anonymität und Sicherheit im Internet

Ein VPN schützt deine Privatsphäre und sorgt dafür, dass deine Internetverbindung sicher ist. Wenn du ein VPN verwendest, wird deine Internetverbindung verschlüsselt und deine IP-Adresse wird durch eine andere ersetzt. Dadurch bleibt deine Identität verborgen, und es wird viel schwieriger für Dritte, deinen Online-Verkehr nachzuvollziehen.

*   **Warum ein VPN wichtig ist:**
Ein VPN hilft dir, im Internet anonym zu bleiben, schützt deine Daten vor Hackern und bietet zusätzliche Sicherheit, wenn du öffentliche WLAN-Netzwerke nutzt. Besonders bei der Nutzung öffentlicher WLANs, wie in Cafés oder Flughäfen, schützt ein VPN deine Daten vor Abhörversuchen.

*   **Beliebte VPN-Anbieter:**

*   **NordVPN:** Bietet sehr hohe Sicherheitsstandards und hat Server in vielen Ländern.

*   **ExpressVPN:** Einer der bekanntesten Anbieter, bietet hohe Geschwindigkeiten und ausgezeichneten Datenschutz.

*   **CyberGhost:** Ein benutzerfreundlicher VPN-Anbieter mit vielen Funktionen für Sicherheit und Anonymität.

4.4 Passwort-Manager – Ein sicherer Ort für deine Passwörter

Passwort-Manager sind Tools, die dir helfen, deine Passwörter sicher zu speichern und zu verwalten. Anstatt sich eine Vielzahl komplexer Passwörter zu merken, kannst du sie in einem Passwort-Manager speichern und nur ein einziges, sehr starkes Master-Passwort verwenden, um darauf zuzugreifen.

*   **Warum solltest du einen Passwort-Manager verwenden?**
    Der größte Vorteil eines Passwort-Managers ist, dass er dir hilft, starke und einzigartige Passwörter für jedes deiner Konten zu erstellen. So verhinderst du, dass ein Hacker, der dein Passwort für ein Konto herausfindet, auch auf andere Konten zugreifen kann.

*   **Beliebte Passwort-Manager:**

*   **1Password:** Ein sehr benutzerfreundlicher Passwort-Manager, der sowohl für Einsteiger als auch für fortgeschrittene Nutzer geeignet ist.

*   **LastPass:** Bietet sowohl kostenlose als auch Premium-Versionen mit einer Vielzahl von Funktionen zum sicheren Speichern und Teilen von Passwörtern.

*   **Bitwarden:** Ein Open-Source-Passwort-Manager, der sowohl kostenlos als auch kostenpflichtig verfügbar ist.

4.5 Zwei-Faktor-Authentifizierung (2FA) – Die zusätzliche Sicherheitsstufe

Die Zwei-Faktor-Authentifizierung (2FA) fügt eine zusätzliche Schutzebene zu deinen Online-Konten hinzu. Neben deinem Passwort musst du noch eine weitere Bestätigung vornehmen, um auf dein Konto zuzugreifen – oft in Form eines Codes, der dir per SMS oder über eine Authentifizierungs-App zugeschickt wird.

*   **Warum solltest du 2FA verwenden?**
    Selbst wenn ein Hacker dein Passwort herausfindet, kann er sich ohne den zweiten Faktor nicht anmelden. Das macht es für Cyberkriminelle deutlich schwieriger, auf deine Konten zuzugreifen.

*   **Wie funktioniert 2FA?**
    Sobald du 2FA für ein Konto aktiviert hast, musst du beim Anmelden neben deinem Passwort noch einen zusätzlichen Code eingeben. Dieser Code wird dir in der Regel per SMS, E-Mail oder über eine spezielle App (wie Google Authenticator oder Authy) zugesendet.

4.6 Anti-Phishing-Tools – Schutz vor betrügerischen E-Mails

Phishing-Angriffe sind Versuche von Kriminellen, an deine persönlichen Daten zu gelangen, indem sie sich als vertrauenswürdige Quelle ausgeben, etwa als Bank oder Online-Shop. Sie versuchen oft, dich dazu zu bringen, einen Link zu klicken oder deine Daten in ein gefälschtes Formular einzugeben.

*   **Wie erkennst du Phishing?**
    Achte auf verdächtige E-Mails, die dich auffordern, deine Passwörter oder andere sensible Informationen einzugeben. Meistens sind die E-Mail-Adressen verdächtig oder die Sprache unklar und drängend. Wenn du dir unsicher bist, rufe lieber die Bank oder den Anbieter direkt an.

*   **Beliebte Anti-Phishing-Tools:**

- **MailWasher:** Eine Software, die deine E-Mails auf Phishing-Links überprüft und sie blockiert.
- **Avira Phantom VPN:** Einige VPN-Anbieter bieten auch Schutz vor Phishing-Websites und blockieren diese, bevor du sie besuchst.

4.7 Verschlüsselungs-Tools – Schütze deine Dateien

Verschlüsselung schützt deine Dateien und Daten, indem sie sie in eine unlesbare Form umwandelt, die nur mit einem speziellen Schlüssel entschlüsselt werden kann. Wenn deine Daten auf deinem Computer, in der Cloud oder auf einer externen Festplatte gespeichert sind, schützt die Verschlüsselung sie vor unbefugtem Zugriff.

- **Warum solltest du deine Daten verschlüsseln?**
  Die Verschlüsselung stellt sicher, dass deine persönlichen Daten im Falle eines Diebstahls oder unbefugten Zugriffs nicht gelesen werden können. Besonders wichtig ist dies für sensible Daten wie Passwörter, Finanzinformationen oder Gesundheitsdaten.

- **Beliebte Verschlüsselungs-Tools:**
  - **VeraCrypt:** Ein kostenloses und leistungsstarkes Tool zur Verschlüsselung von Festplatten und Dateien.
  - **BitLocker:** Eine Verschlüsselungsfunktion, die bei Windows-Betriebssystemen integriert ist und dir hilft, deine Festplatte zu schützen.

4.8 Zusammenfassung der besten Sicherheits-Tools

Die besten Sicherheits-Tools für den Schutz deiner Daten und Geräte umfassen:
- **Antivirus-Software**: Schützt vor Viren und Malware.
- **VPN (Virtuelles Privates Netzwerk)**: Sichert deine Internetverbindung und schützt deine Privatsphäre.
- **Passwort-Manager**: Speichert und verwaltet deine Passwörter sicher.
- **Zwei-Faktor-Authentifizierung (2FA)**: Fügt eine zusätzliche Sicherheitsebene hinzu.
- **Anti-Phishing-Tools**: Schützt vor betrügerischen E-Mails.
- **Verschlüsselungs-Tools**: Schützt deine Daten vor unbefugtem Zugriff.

Indem du diese Tools verwendest, kannst du sicherstellen, dass deine Daten und deine Privatsphäre bestmöglich geschützt sind.

Zusammenfassung des Kapitels:

Sicherheits-Tools bieten einen wichtigen Schutz gegen Bedrohungen im Internet. Mit Antivirus-Software, VPNs, Passwort-Managern und anderen Tools kannst du deine Daten und deine Privatsphäre schützen. Diese Tools sind einfach zu nutzen und können dabei helfen, dich vor den meisten Cyberbedrohungen zu bewahren.

Cyber Security für Unternehmen – Tipps für kleine Unternehmen

In diesem Kapitel geht es darum, wie kleine Unternehmen ihre Daten und IT-Systeme schützen können. Obwohl kleine Unternehmen oft weniger im Fokus von Cyber-Angriffen stehen als große Konzerne, sind sie dennoch ein häufiges Ziel für Hacker und Cyberkriminelle. Das liegt häufig daran, dass sie weniger gut abgesicherte Netzwerke und Systeme haben. Deshalb ist es wichtig, dass auch kleine Unternehmen Cyber Security ernst nehmen und proaktive Maßnahmen ergreifen, um sich zu schützen.

5.1 Die Wichtigkeit der Cyber Security für kleine Unternehmen

Cyber Security ist für jedes Unternehmen wichtig – unabhängig von seiner Größe. Für kleine Unternehmen kann eine Sicherheitslücke schnell zu großen finanziellen Verlusten und einem erheblichen Reputationsschaden führen. Ein erfolgreicher Angriff auf ein kleines Unternehmen kann dazu führen, dass Kundendaten gestohlen, Geschäftsgeheimnisse ausspioniert oder sogar gesamte Geschäftsprozesse lahmgelegt werden. Besonders, da viele kleine Unternehmen auf digitale Plattformen angewiesen sind, sei es für den Online-Verkauf, die Kommunikation oder die Speicherung von Daten, ist es wichtig, präventiv in Cyber Security zu investieren.

5.2 Schutz vor Ransomware und anderen Bedrohungen

Eine der größten Bedrohungen für kleine Unternehmen ist Ransomware. Bei einem Ransomware-Angriff verschlüsseln Hacker die Daten des Unternehmens und fordern ein Lösegeld, um die Daten wieder freizugeben. Um sich vor Ransomware und anderen Bedrohungen zu schützen, sollten Unternehmen ihre Systeme regelmäßig mit aktuellen Sicherheitssoftware-Updates und Patches versorgen, sichere Backups ihrer wichtigsten Daten erstellen und die Mitarbeiter in Bezug auf verdächtige E-Mails und Links sensibilisieren.

5.3 Erstellung eines Cybersicherheitsplans

Jedes Unternehmen sollte einen Cybersicherheitsplan erstellen. Dieser Plan definiert, welche Sicherheitsmaßnahmen ergriffen werden müssen, um die Unternehmensdaten zu schützen. Ein Cybersicherheitsplan sollte regelmäßige Software-Updates, Datensicherung, Zugangskontrollen und klare Notfallpläne für den Fall eines Angriffs umfassen. Dabei ist es wichtig, die Mitarbeiter in die Planung mit einzubeziehen, um sicherzustellen, dass alle Bereiche des Unternehmens gut abgesichert sind.

5.4 Schulung und Sensibilisierung der Mitarbeiter

Die meisten Cyber-Angriffe beginnen mit einem menschlichen Fehler – sei es das Klicken auf einen Phishing-Link, das Verwenden von unsicheren Passwörtern oder das Teilen vertraulicher Informationen. Aus diesem Grund ist die Schulung und Sensibilisierung der Mitarbeiter für Cybersicherheitsrisiken unerlässlich. Regelmäßige Schulungen zu den besten Sicherheitspraktiken und zu den neuesten Bedrohungen können dazu beitragen, das Sicherheitsbewusstsein im Unternehmen zu stärken und potenzielle Angriffsvektoren zu minimieren.

5.5 Absicherung von Netzwerk und IT-Infrastruktur

Ein weiteres wichtiges Element der Cybersicherheit für Unternehmen ist die Absicherung des Netzwerks und der IT-Infrastruktur. Dazu gehören die Implementierung einer sicheren Firewall, die Verschlüsselung von Daten, die Verwendung von VPNs für Remote-Arbeiter und die Implementierung von Multi-Faktor-Authentifizierung (MFA) für den Zugriff auf geschäftliche Systeme. Alle Geräte, die mit dem Unternehmensnetzwerk verbunden sind, sollten ebenfalls regelmäßig überprüft und abgesichert werden, um Schwachstellen zu vermeiden.

Durch das Ergreifen dieser grundlegenden Maßnahmen können kleine Unternehmen ihre IT-Infrastruktur und Daten besser schützen. Cyber Security muss nicht teuer oder komplex sein – selbst kleine Änderungen und Investitionen in grundlegende Sicherheitsmaßnahmen können dazu beitragen, das Unternehmen vor potenziellen Bedrohungen zu schützen.

Fazit und weiterführende Ressourcen – Was du nun tun kannst, um dich besser zu schützen

6.1 Zusammenfassung der wichtigsten Punkte

In den vorherigen Kapiteln haben wir viele Aspekte der Cyber Security behandelt. Hier sind die wichtigsten Punkte, die du dir merken solltest, um deine Online-Sicherheit zu verbessern:

- **Starke Passwörter:** Verwende einzigartige, komplexe Passwörter für jedes Konto und nutze einen Passwort-Manager, um diese zu verwalten.

- **Phishing-Schutz:** Lerne, Phishing-Mails zu erkennen, und vermeide das Klicken auf verdächtige Links.

- **Sicheres Surfen:** Nutze sichere Verbindungen (HTTPS) und vermeide unsichere Netzwerke, besonders bei sensiblen Online-Aktivitäten wie Einkäufen oder Bankgeschäften.

- **Sicherheits-Tools:** Setze Antivirus-Software, Firewalls und VPNs ein, um deine Geräte und Daten zu schützen.

- **Schulung und Bewusstsein:** Schulen dich selbst und deine Mitarbeiter regelmäßig, um Sicherheitslücken zu minimieren und Bedrohungen frühzeitig zu erkennen.

- **Backup und Wiederherstellung:** Sorge dafür, dass du regelmäßige Backups deiner wichtigen Daten machst und diese im Fall eines Angriffs schnell wiederherstellen kannst.

Indem du diese grundlegenden Sicherheitsmaßnahmen umsetzt, machst du einen großen Schritt hin zu einer sicheren Online-Welt.

6.2 Weiterführende Ressourcen – So kannst du dein Wissen erweitern

Cyber Security ist ein ständig wachsendes und sich weiterentwickelndes Thema. Um dein Wissen zu vertiefen und deine Fähigkeiten weiter auszubauen, gibt es viele wertvolle Ressourcen, die dir helfen können, auf dem neuesten Stand zu bleiben.

Online-Kurse und Zertifikate:

- **Coursera:** Hier findest du eine Vielzahl von Kursen, die von Universitäten und Experten auf dem Gebiet der Cyber Security angeboten werden.

- **Udemy:** Eine Plattform mit vielen praktischen und grundlegenden Kursen in Cyber Security, die für Anfänger bis Fortgeschrittene geeignet sind.

- **Cybrary:** Diese Plattform bietet eine breite Palette an kostenlosen und kostenpflichtigen Kursen, die auf die verschiedenen Bereiche der Cyber Security eingehen.

Bücher und Lektüre:

- **„The Web Application Hacker's Handbook" von Dafydd Stuttard und Marcus Pinto:** Ein ausgezeichnetes Buch, das sich mit den Sicherheitsaspekten von Webanwendungen befasst und praktische Techniken vermittelt.

- **„Hacking: The Art of Exploitation" von Jon Erickson:** Dieses Buch ist besonders für diejenigen geeignet, die mehr über die technischen Aspekte des Hackens und der Cyber Security erfahren möchten.

- **„Cybersecurity and Cyberwar: What Everyone Needs to Know" von P.W. Singer und Allan Friedman:** Ein Buch, das einen Überblick über die aktuellen Bedrohungen und Herausforderungen in der Cyber Security bietet.

Websites und Blogs:

- **Krebs on Security:** Ein populärer Blog, der regelmäßig über neue Cyberbedrohungen, Sicherheitslücken und Entwicklungen in der Welt der Cyber Security informiert.

- **Dark Reading:** Eine Online-Quelle für Nachrichten, Blogs und Artikel rund um das Thema Cyber Security.

- **OWASP (Open Web Application Security Project):** Diese gemeinnützige Organisation bietet eine Fülle von Ressourcen und Anleitungen für die sichere Entwicklung von Webanwendungen.

Foren und Communities:

- **Reddit (r/cybersecurity):** Eine aktive Community von Sicherheitsexperten, die regelmäßig neue Bedrohungen und Lösungen diskutieren.

- **Stack Exchange (Information Security):** Ein Forum, auf dem du Fragen stellen und Antworten von Experten zu spezifischen Cyber Security-Themen erhalten kannst.

6.3 Was du als Nächstes tun kannst

Nachdem du nun das Wichtigste über Cyber Security gelernt hast, ist der nächste Schritt, dein Wissen in die Praxis umzusetzen. Hier sind einige Empfehlungen, wie du sofort loslegen kannst:

1. **Überprüfe deine Passwörter:** Gehe durch deine wichtigsten Konten und stelle sicher, dass du starke, einzigartige Passwörter verwendest. Nutze einen Passwort-Manager, um die Verwaltung zu erleichtern.

2. **Aktualisiere deine Software:** Achte darauf, dass sowohl dein Betriebssystem als auch alle Apps und Programme auf dem neuesten Stand sind. Aktiviere automatische Updates, um keine wichtigen Patches zu verpassen.

3. **Richte Zwei-Faktor-Authentifizierung (2FA) ein:** Aktiviere 2FA für deine wichtigsten Online-Konten, um eine zusätzliche Sicherheitsstufe hinzuzufügen.

4. **Installiere Sicherheits-Software:** Stelle sicher, dass du eine aktuelle Antivirus-Software sowie eine Firewall auf deinem Gerät installiert hast.

5. **Lerne kontinuierlich dazu:** Nutze die weiterführenden Ressourcen, um deine Kenntnisse zu erweitern und mit den neuesten Bedrohungen und Sicherheitslösungen Schritt zu halten.

6. **Schulungen für dein Unternehmen:** Wenn du ein Unternehmen führst, sorge dafür, dass alle Mitarbeiter regelmäßig in Cyber Security geschult werden und über die neuesten Bedrohungen informiert sind.

6.4 Abschließende Gedanken

Cyber Security mag anfangs wie ein komplexes Thema erscheinen, aber mit den richtigen Informationen und einer klaren Vorgehensweise kannst du dich effektiv schützen. Indem du dich kontinuierlich weiterbildest und bewährte Sicherheitspraktiken anwendest, kannst du das Risiko von Angriffen erheblich minimieren.

Denk daran: Sicherheit ist ein fortlaufender Prozess. Bleibe wachsam und nehme regelmäßig Anpassungen vor, um dich bestmöglich zu schützen. Es ist nie zu spät, mit den richtigen Sicherheitsmaßnahmen zu beginnen – je früher du startest, desto sicherer wirst du online unterwegs sein.

Zusammenfassung des Kapitels:

Die Cyber Security ist ein kontinuierlicher Prozess, der ständige Weiterbildung und die Umsetzung von bewährten Sicherheitspraktiken erfordert. Nutze die weiterführenden Ressourcen, um dein Wissen zu vertiefen, und setze die erlernten Techniken und Tools sofort um, um deine Sicherheit zu erhöhen. Es ist nie zu spät, mit der Verbesserung deiner Cyber Security zu beginnen.

Abschließende Worte

Herzlichen Glückwunsch! Du hast nun einen soliden Überblick über die Grundlagen der Cyber Security und viele hilfreiche Strategien erlernt, um deine Daten und deine Privatsphäre zu schützen.

Die digitale Welt bietet unzählige Vorteile, aber auch zahlreiche Risiken. Umso wichtiger ist es, dass du dich bewusst und sicher bewegst. Die in diesem E-Book behandelten Themen, von der Erstellung sicherer Passwörter bis hin zum Schutz vor Phishing und dem Einsatz von Sicherheits-Tools, sind grundlegende Schritte, um dich in der heutigen Online-Welt zu schützen.

Denk daran: Cyber Security ist kein einmaliges Projekt, sondern ein fortlaufender Prozess. Die Bedrohungen entwickeln sich ständig weiter, ebenso wie die Techniken, mit denen du dich davor schützen kannst. Es ist entscheidend, immer auf dem neuesten Stand zu bleiben und regelmäßig deine Sicherheitsvorkehrungen zu überprüfen und anzupassen.

Nimm dir die Zeit, die Sicherheit deiner digitalen Geräte und Konten regelmäßig zu überprüfen. Schütze deine persönlichen Daten und gib Cyberkriminellen keine Chance. Ein kleiner Aufwand heute kann große Auswirkungen auf deine Sicherheit morgen haben.

Ich hoffe, dieses E-Book hat dir die Bedeutung von Cyber Security nähergebracht und dir praktische Werkzeuge an die Hand gegeben, mit denen du dich sicherer im Internet bewegen kannst.

Bleib sicher, informiere dich weiter und sorge dafür, dass deine digitalen Aktivitäten immer geschützt sind. Die Welt wird zunehmend vernetzter, und du kannst die Kontrolle über deine Online-Sicherheit übernehmen, indem du heute die richtigen Schritte unternimmst.

Viel Erfolg auf deinem Weg zu mehr Sicherheit im Netz!

@hexasec_germany

www.ingramcontent.com/pod-product-compliance
Lightning Source LLC
LaVergne TN
LVHW022127060326
832903LV00063B/4798